Pasión mortal

Mónica Hagedorn Castro-Peláez

Pasión mortal

Ernst Klett Sprachen
Stuttgart

1. Auflage 5 | 2025

Alle Drucke dieser Auflage sind unverändert und können im Unterricht nebeneinander verwendet werden.
Die letzte Zahl bezeichnet das Jahr des Druckes.
www.klett-sprachen.de

Zeichnungen: Bartolomé Seguí

Redaktion: Marcelo Rodríguez
Layoutkonzeption: Andreas Drabarek
Gestaltung und Satz: Satzkasten, Stuttgart
Umschlaggestaltung: Andreas Drabarek
Titelbild: Bartolomé Seguí
Druck und Bindung: Salzland Druck, Staßfurt

PEFC-zertifiziert
Dieses Produkt stammt aus nachhaltig bewirtschafteten Wäldern und kontrollierten Quellen
PEFC
PEFC/04-31-2251
www.pefc.de

Printed in Germany
ISBN 978-3-12-607014-0

El índice

Vorwort

Liebe Leserin, lieber Leser,

der gewaltsame Tod einer jungen Frau, die in dem berühmten Stadtpark von Madrid gefunden wurde, wirft Fragen über Fragen auf. Der comisario Cuervo tappt zuerst im Dunkeln. Nur doña Carmen weiß, wo sie zu suchen hat und wer das Opfer ist …

Die Hauptpersonen dieser Geschichte sind:

El comisario Carlos Cuervo
Hauptkommissar bei der Polizei. Er bearbeitet den Fall.

Doña Carmen Segura
Mutter des Hauptkommissars Cuervo, eine intelligente ältere Dame, die sich besonders für die Arbeit ihres Sohnes interessiert. Sie lebt alleine mit ihrem Hund Fifí.

Sonia Benítez
Junge Frisörin. Sie ist die Freundin von Mario Mendoza Juárez und arbeitet in dem Salon von Maribel García.

Mario Mendoza Juárez
Sonias Freund.

Maribel García
Besitzerin eines Frisörsalons und Chefin von Sonia.

Luis Ibáñez
Ehemann von Maribel.

Fifí
Hund von doña Carmen.

Ort der Handlung: Madrid
Zeit der Handlung: Sommer

Capítulo 1

Doña Carmen mira su reloj: son las tres de la tarde. En el centro de Madrid, la capital española, hace un calor terrible: más de 35 grados a la sombra. En el mes de agosto, toda la gente que puede se va de vacaciones a la costa. Ella piensa que su ciudad es maravillosa, también en verano.

Hoy quiere ir al Parque del Retiro, porque allí hay siempre algo interesante para ver: museos, exposiciones en el Palacio de Cristal, jardines y paseos, música y el gran estanque.

Doña Carmen Segura entra por la puerta principal del parque y va a la Rosaleda. Es uno de sus lugares preferidos. Allí hay rosas de muchos colores cerca de una pequeña fuente. Hoy hay muy poca gente.

Toma por el Paseo de Uruguay y después de unos minutos gira a la izquierda. Casi ha llegado a la Rosaleda cuando ve a dos personas que hablan.

Un hombre joven y alto está con una chica muy guapa. Ellos no ven a doña Carmen que, detrás de un árbol, escucha la conversación.

–Adiós, Mario.

–¡Sonia, no puedes dejarme! ¡No puedo vivir sin ti!

–Todo ha terminado entre nosotros.

–¿Y nuestro amor? ¿Nuestro noviazgo?

En ese momento doña Carmen reconoce a la chica. Es una de las empleadas de su peluquería.

---

2 **Doña** *respektvolle Anrede* | 3 **hace un calor terrible** es ist wahnsinnig heiß | 5 **maravillosa** wunderschön | 7 **Parque del Retiro** *Madrids Hauptpark* | 9 **estanque** Teich | 11 **Rosaleda** Rosengarten | 11 **lugares preferidos** Lieblingsort | 12 **fuente** Springbrunnen | 21 **no puedes dejarme** Du kannst mich nicht verlassen! | 23 **noviazgo** Verlobung | 24 **reconoce** erkennt | 25 **peluquería** Frisörsalon

–Mario, tienes que olvidarme. Hay otro hombre en mi vida. No podemos seguir juntos. ¡Adiós!

–¡No, Sonia, no es posible! ¡Tú eres sólo mía! –grita él.

En ese momento, la chica se va y el hombre dice desesperado:

–No, Sonia, ¡tú eres mía o de nadie!

1 **tienes que olvidarme** du musst mich vergessen | 2 **seguir juntos** zusammen bleiben | 3 **grita él** er schreit | 4 **desesperado** verzweifelt

Capítulo 2

Todos los jueves doña Carmen va a la peluquería. A ella le gusta estar siempre muy elegante y bien peinada. Hoy tiene hora a las cuatro de la tarde. En el salón hay muchos clientes sentados en los dos sofás de color naranja a la izquierda de la puerta. El teléfono suena, una peluquera joven lava el pelo a una clienta y la propietaria, Maribel, que peina a una señora mayor, está muy nerviosa.

–Ah, es usted, doña Carmen. Buenas tardes –saluda Maribel.

–Buenas tardes. Tengo hora a las cuatro, pero… ¿qué pasa hoy aquí? –pregunta y mira a los clientes.

–¡Una catástrofe, doña Carmen, una catástrofe! Hay mucho trabajo y mi otra empleada, Sonia, no ha venido y no ha llamado por teléfono. Aquí tiene una revista para leer. Hoy necesita usted tener un poquito de paciencia.

–Vale, vale, Maribel, tengo tiempo.

3 **bien peinada** gut frisiert | 3 **tiene hora** sie hat einen Termin | 6 **lava el pelo** wäscht die Haare | 6 **la propietaria** die Besitzerin | 7 **peina** frisiert | 14 **paciencia** Geduld

Capítulo 3

–Buenas tardes, señora, ¿qué va a tomar hoy?

–Buenas, Paco. Un café y unas magdalenas, como siempre, por favor –dice doña Carmen al camarero.

–Vale, enseguida.

Doña Carmen está sentada en la terraza de un bar muy conocido, no lejos de su casa. Su perrita Fifí duerme debajo de la mesa. Cerca de ella, la gente bebe cerveza, toma unas tapas, habla y fuma. Mientras espera su café, doña Carmen lee en la primera página del periódico que ha comprado en el quiosco cerca de la parada del autobús:

Drama en el Parque del Retiro
Joven apuñalada

Bella joven asesinada entre las rosas. ¿Quién es la víctima? ¿Quién es el asesino? La policía investiga

–¿Qué hago? –se pregunta–. ¿Hablar con mi hijo Carlos, el comisario? –Ella tiene una sospecha, una terrible sospecha…

---

8 **tapas** *typische spanische Vorspeisen* | 13 **apuñalada** erstochen | 14 **asesinada** ermordet | 15 **la víctima** das Opfer | 15 **el asesino** der Mörder | 16 **investiga** ermittelt | 18 **sospecha** Verdacht

Capítulo 4

Carlos Cuervo, comisario jefe de la policía, está sentado detrás de un montón de papeles. Toma café y fuma mucho mientras lee. Hoy ha llegado temprano a su oficina, pues tiene un nuevo caso. Está concentrado en su trabajo cuando, de repente, suena el teléfono.

–Comisario Cuervo, dígame.

–Carlos, soy yo, tu madre, ¿qué tal?

–¡Ah! Buenos días. ¿Cómo estás? Tengo mucho trabajo –contesta Carlos Cuervo, mientras pasa las hojas del informe policial.

–Ya lo sé. El caso de la chica asesinada en el Parque del Retiro, ¿verdad?

–Sí, exacto. Sabemos por fin quién es, su nombre y…

–Su nombre es Sonia –interrumpe su madre.

–Sí, Sonia Benítez. ¿Cómo lo sabes? Los periódicos todavía no han escrito nada –pregunta el comisario sorprendido.

–Es peluquera, está soltera y su novio se llama Mario. ¿Verdad?

Carlos, que está muy asombrado, hace una pausa.

–¡La policía ha necesitado muchas horas para tener todos esos datos y tú… ya los sabes! –agrega.

No es la primera vez que doña Carmen es más rápida que él cuando se trata de un crimen. Los dos juntos ya han resuelto varios casos, pero esta vez… ¿cómo lo ha hecho su madre?

–¿Quién ha descubierto el cuerpo?

–Un señor que daba una vuelta por el parque con su perro. Ha avisado enseguida a la policía.

---

3 **montón de papeles** Papierberg | 4 **caso** Fall | 5 **suena el teléfono** das Telefon klingelt | 10 **informe policial** Polizeibericht | 14 **interrumpe** unterbricht | 16 **sorprendido** überrascht | 18 **asombrado** erstaunt | 20 **agrega** fügt hinzu | 22 **cuando se trata de un crimen** wenn es sich um ein Verbrechen handelt | 22 **resuelto** gelöst | 25 **daba una vuelta** eine Runde gedreht | 25 **Ha avisado** hat benachrichtigt

–¿Habéis encontrado el arma que utilizó el asesino?

–No, todavía no.

–¿Ya tienes el informe de la autopsia? –pregunta doña Carmen.

–Todavía no, mamá. Ahora buscamos a su novio. Es el principal sospechoso.

1 **el arma que utilizó el asesino** die Waffe, die der Mörder benutzte | 4 **principal sospechoso** Hauptverdächtiger

Capítulo 5

En la pequeña sala de interrogatorios de la comisaría no hay ventanas. Hay solamente una mesa, dos sillas y una lámpara con luz muy fuerte. En una de las sillas está sentado un hombre joven y alto. El comisario Carlos Cuervo comienza a preguntar:

–¿Nombre completo?

–Mario Mendoza Juárez.

–¿Edad?

–28 años.

–¿Profesión?

–Albañil.

–¿Conoce a Sonia Benítez?

–Claro, Sonia es mi novia…

–¿Qué hizo usted el sábado entre las ocho y las diez de la noche?

–¿El sábado entre las ocho y las diez de la noche? –repite el hombre– pues… estuve en el bar «Las Tapas Locas».

–¿Estuvo allí todo el tiempo?

–Sí.

–¿Un hombre joven con novia pasa el sábado por la noche en un bar?

–Sonia rompió nuestro noviazgo por la tarde… y yo…

–¡Y usted la asesinó! ¡Confiese!

–¿Cómo? ¿Qué dice? –grita el joven horrorizado– ¿Sonia está muerta?

–Sí, asesinada.

---

3 **una lámpara con luz muy fuerte** eine sehr starke Lampe | 11 **albañil** Maurer | 14 **¿Qué hizo?** Was machten Sie? | 17 **estuve** ich war | 20 **pasa** verbringt | 22 **rompió** hat … aufgelöst | 23 **¡Confiese!** Gestehen Sie! | 24 **horrorizado** entsetzt

–Sonia ha sido mi gran amor. ¿Por qué matarla? ¿Quién ha sido? ¿Quién es el asesino? –pregunta Mario desesperado.

–¡Usted es el asesino! La mató por celos. ¡Confiese! Es mejor para usted.

–¡No la maté! ¡No la maté! –repite Mario– ¡Estuve todo el tiempo en el bar!

–¿A qué hora estuvo con ella?

–Por la tarde. A eso de las tres. No hablamos mucho. Ella sólo dijo que amaba a otro hombre y se fue.

–Exacto. Ése es el motivo: celos. De momento Ud. queda detenido por el asesinato de Sonia Benítez. Vamos a comprobar su coartada.

Poco después, Carlos Cuervo se dirige al bar «Las Tapas Locas». Es un pequeño local, alegre y lleno de gente.

–Buenas tardes –dice y muestra su documento.

–Buenas tardes –responde el barman detrás de la barra.

–Necesito información sobre un hombre que se llama Mario Mendoza. ¿Lo conoce?

–Sí, Mario viene siempre a nuestro bar. ¿Por qué?

–Yo hago las preguntas y no usted, por favor. ¿Estuvo Mario Mendoza el sábado pasado aquí, en el bar?

El barman hace una pausa para pensar y contesta:

–Pues sí, estuvo mucho tiempo, unas tres horas, hasta las once de la noche. Esta vez tomó muchas copas y habló poco. No estuvo tan alegre como siempre.

–¿Está usted seguro de la hora?

---

1 **matarla** sie umbringen | 2 **desesperado** verzweifelt | 3 **por celos** aus Eifersucht | 5 **repite** wiederholt | 10 **queda detenido** Sie bleiben in Haft | 11 **comprobar su coartada** Ihr Alibi überprüfen | 20 **Yo hago las preguntas** ich stelle die Fragen

–Sí, sí. Estuvo sentado todo el tiempo aquí en la barra y miró el partido de fútbol en la televisión. Usted sabe, señor Comisario, el partido del Real Madrid contra el Deportivo de La Coruña. Después pagó su cerveza y se marchó.

–Bien, gracias –dice Carlos Cuervo y sale del bar.

2 **partido de fútbol** Fußballspiel

Capítulo 6

–¿Un poco más de anís, mamá?

–No, gracias, ya está bien.

Doña Carmen y su hijo están sentados en la sala de su casa, mientras su nuera Pilar acuesta a los niños. Fifí duerme debajo de la mesita.

–¿Qué resultados tienes de la autopsia? –pregunta doña Carmen.

–La joven fue apuñalada entre las nueve y las diez de la noche, aproximadamente… Pobre chica… en su estado…

–¿En su estado? ¿Qué quieres decir, Carlos? ¿Embarazada?

–Exactamente, –dice el comisario– de tres meses.

–Creo que ése es un verdadero motivo. ¿Has interrogado a su novio?

–A su exnovio –dice el comisario Cuervo. El sábado por la tarde la chica rompió su noviazgo. Sabemos que su exnovio no es el asesino. Estuvo en un bar hasta las once de la noche. Ya he comprobado su coartada.

–¿Sabes ya qué arma utilizó el asesino?

–No lo sabemos exactamente. Hemos buscado en el parque, pero todavía no la hemos encontrado. Quizás es un cuchillo o una navaja.

–¿Qué otros sospechosos tenemos, entonces? ¿Por qué rompió Sonia su noviazgo? –doña Carmen pregunta a su hijo y continúa, sin esperar respuesta del comisario–, porque su novio no es el padre del bebé, ¿verdad? –sonríe triunfante.

---

5 nuera Schwiegertochter | **5 acuesta** bringt ins Bett | **9 apuñalada** erstochen | **22 navaja** Taschenmesser | **26 sonríe triunfante** sie lächelt triumphierend

–¡Es posible! –dice Carlos pensativo– ¿Pero… quién es el otro hombre?

–¿Tienes una lista de los clientes habituales del salón? –pregunta su madre mientras termina de tomar el anís.

–Sí, ya hemos comenzado a interrogar a los últimos clientes del sábado.

–¿Y?

–Nada.

En ese momento entra Pilar, la mujer de Carlos, y pregunta:

–¿Quién quiere unas galletitas?

Doña Carmen y su hijo no hablan más del crimen y aceptan la oferta de Pilar. Luego, el comisario fuma un cigarrillo mientras las dos mujeres ven la televisión. Fifí, que sigue debajo de la mesita, come dos galletitas que le ha dado Carlos. Una hora después, doña Carmen se levanta, dice adiós y se va con Fifí que está contenta de dar una vuelta.

Tiene una idea. No ha dicho nada a su hijo. Es necesario ir otra vez a la peluquería.

---

1 **pensativo** nachdenklich | 3 **clientes habituales** Stammkunden | 10 **galletitas** Kekse

Capítulo 7

–Buenas tardes, doña Carmen –saluda la propietaria–. ¿Hoy por aquí? ¡Qué sorpresa!

–Buenas tardes, Maribel. Sí, hoy no es jueves, pero es que tengo una invitación y quiero estar guapa, usted sabe…

–No hay problema. Tome asiento. Tiene que esperar un poco.

–Vale.

Doña Carmen piensa mientras espera:

–La solución del problema tiene que estar aquí.

El salón es grande y agradable. Al fondo de la habitación hay dos puertas. Una es la del lavabo y la otra es de la habitación para las empleadas, donde hacen pausa para fumar y tomar café.

En ese momento entra una nueva clienta en el salón y Maribel habla con ella. Doña Carmen se levanta y va rápidamente en dirección al lavabo, pero en el último momento abre la otra puerta y entra.

Su corazón late muy fuerte. ¿Me han visto entrar? –se pregunta. No tiene mucho tiempo. Mira a su alrededor. En la pequeña habitación hay una mesa, cuatro sillas, dos ceniceros, una cafetera eléctrica y tazas sucias… De repente, doña Carmen oye un sonido muy suave.

–Conozco esa señal, pero… ¿qué es? –piensa doña Carmen.

Doña Carmen abre un armario. Otra vez esa señal débil. En eso encuentra un teléfono móvil en uno de los delantales de las empleadas. La señal es de la pila casi vacía. ¡Es el móvil rojo de Sonia! Está todavía encendido. Doña Carmen mira rápidamente en la lista de los últimos mensajes recibidos:

---

3 **sorpresa** Überraschung | 6 **Tome asiento** Nehmen Sie Platz. | 10 **al fondo de** *hier:* auf der gegenüberliegenden Seite | 17 **Su corazón late muy fuerte** Ihr Herz schlägt sehr schnell | 18 **Mira a su alrededor** sie schaut sich um | 20 **un sonido muy suave** ein sehr leises Geräusch | 23 **armario** Garderobe | 23 **débil** schwach | 24 **delantal** Kittel | 25 **pila casi vacía** fast leere Batterie | 26 **todavía encendido** noch eingeschaltet | 27 **los últimos mensajes recibidos** die letzten empfangenen SMS

«En el lugar de siempre, 21 h. Te espero. L.»

Doña Carmen pone rápidamente el móvil en su bolso y sale de la habitación y de la peluquería sin despedirse. Camina hasta llegar a la esquina y poco después se detiene, saca el móvil de Sonia del bolso y mira quién ha enviado el último mensaje. Antes de agotarse la pila, doña Carmen toma un papel y un bolígrafo del bolso y anota el número de teléfono. Al llegar a su piso, marca el número del móvil anotado.

–¿Diga? –contesta una voz masculina.

–Hola, ¿quién habla?

–Luis, ¿y con quién hablo yo?

–Perdón, me he equivocado de número. –Doña Carmen cuelga. Ahora todo está claro, muy claro…

---

3 **sin despedirse** ohne sich zu verabschieden | 4 **se detiene** hält an | 5 **antes de agotarse la pila** bevor sich die Batterie entlädt | 12 **cuelga** legt auf

Capítulo 8

Doña Carmen llega con Fifí a la oficina de Carlos. Allí todos los policías la conocen. Fifí ladra alegre y corre. El animalito sabe que el comisario siempre tiene algo para comer en su mesa.

–Hola, buenos días, Carlos.

–Hola, mamá. ¿Qué tal?

–Creo que es necesario interrogar a Luis, el amor secreto de Sonia.

–¿Quién es? ¿Cómo sabes el nombre?

–Intuición femenina –sonríe doña Carmen– es el marido de Maribel, la propietaria de la peluquería.

–¡Huy, huy! –exclama Carlos.

En el cementerio hay un pequeño grupo de personas: los padres y el hermano de Sonia que han venido desde Galicia, amigos, clientes del salón, Maribel y Luis.

Después del entierro, el comisario y dos agentes de policía se acercan a Luis. Carlos Cuervo muestra su documento y pregunta:

–¿Señor Luis Ibáñez?

–Sí.

–Tiene usted que acompañarnos a la comisaría. Tenemos varias preguntas relacionadas con el asesinato de Sonia Benítez.

–¿Cómo? –exclama Luis– ¿Yo… un asesino?

---

3 **ladra** bellt | 10 **sonríe** lächelt | 13 **cementerio** Friedhof | 16 **entierro** Beerdigung | 16 **se acercan** nähern sich | 22 **asesino** Mörder

Capítulo 9

En la sala de interrogatorios, Carlos Cuervo fuma un cigarrillo detrás del otro. Quiere dejar de fumar, pero es difícil. Del otro lado de la mesa está sentado Luis Ibáñez.

–Vamos a hablar de sus relaciones con Sonia Benítez –dice el comisario en tono agresivo.

–¿Cómo sabe usted de eso? –pregunta Luis asombrado.

–Yo hago las preguntas –continúa Carlos Cuervo impaciente–, y también sé de su cita con la víctima el sábado a las nueve de la noche en la Rosaleda. Allí usted la asesinó brutalmente.

Luis no dice nada, pero está muy nervioso.

–¿Por qué mató a la chica?

–Yo no soy el asesino. ¿Por qué matarla? ¡Mi único deseo ha sido vivir con ella, ser feliz! –grita Luis.

–¡Calma, calma! –dice el comisario–. Tiene que contestar a mis preguntas. ¿Cuándo vio a la chica por última vez?

–El viernes por la tarde en la peluquería.

–¡No es verdad! Fue en la Rosaleda, a las nueve de la noche en el lugar de siempre.

–¡No, no! Sonia no fue a la cita. Esperé media hora y luego me marché. Ella no fue y no llamó.

–¿Qué hizo usted entonces?

–Fui a la peluquería. Vi solamente a mi mujer, pero no entré, no quería hablar con ella, usted comprende, ¿no?

El comisario Cuervo no contesta, pero entiende muy bien la situación.

–¿Y qué hizo usted después?

---

9 **cita** Verabredung

–Entonces caminé por el barrio y esperé inútilmente su llamada. Luego volví a mi casa y miré la televisión.

–¿Quién puede confirmar su historia?

–Nadie –dice Luis en voz baja.

–Bueno. Yo creo que usted se encontró en el parque con la víctima. Discutieron, ella le dijo que estaba embarazada y entonces…

–¿Cómo ha dicho, señor Comisario? –interrumpe Luis– ¿embarazada? Ahora entiendo. Sonia me dijo por teléfono que tenía una sorpresa para mí. ¡Dios mío!

–Por eso usted la asesinó –continúa el comisario y golpea sobre la mesa. ¡Es mejor si usted dice lo que pasó! Usted vio la situación demasiado complicada y…

–No es verdad, no es verdad –dice Luis con ojos tristes.

---

4 **baja** leise | 10 **¡Dios mío!** Mein Gott! | 11 **golpea sobre la mesa** er schlägt auf den Tisch

Capítulo 10

Han pasado dos semanas y con la rutina ha vuelto la calma. El comisario Cuervo continúa la búsqueda del asesino. Luis Ibáñez está en libertad por falta de pruebas. Maribel tiene una nueva empleada.

Son las cuatro de la tarde y, como todos los jueves, doña Carmen tiene hora en la peluquería.

–Buenas tardes –saluda doña Carmen.

–Buenas tardes –contesta Maribel–. ¿Qué hacemos hoy?

–Lavado y peinado, como siempre, por favor. ¿Puede cortar el pelo un centímetro también?

–Sí, claro.

Poco después, la propietaria del salón comienza a trabajar rápidamente. Doña Carmen oye el clic clic de las tijeras y en un abrir y cerrar de ojos encuentra la solución, lo ve todo claro. En el espejo ve a Maribel con las tijeras en la mano…

–La vida diaria ha vuelto, ¿verdad, Maribel?

–Sí, por suerte –responde la peluquera.

–¡Pobre Sonia! Una chica tan joven y alegre –continúa doña Carmen– el salón sin ella ya no es igual.

Maribel hace una pausa y dice sin pensar:

–Bueno, pero embarazada Sonia no… –la peluquera deja de hablar y está muy nerviosa. Ha sido un error decir lo que sabe. Desesperada mira a la clienta.

–¿Cómo ha dicho? –pregunta doña Carmen, pero ella ha entendido bien las palabras.

–Pues… nada, nada. No tiene importancia. –Las manos de Maribel tiemblan.

---

4 **por falta de pruebas** aus Mangel an Beweisen | 10 **lavado y peinado** Waschen und Schneiden | 10 **cortar el pelo** die Haare schneiden | 14 **en un abrir y cerrar de ojos** augenblicklich | 18 **por suerte** zum Glück | 23 **un error** ein Fehler | 28 **tiemblan** zittern

–¡Qué triste es la vida! –piensa doña Carmen– matar por amor…

Las dos mujeres se miran y no hablan. Maribel termina su trabajo y poco más tarde, doña Carmen sale del salón, toma el móvil que siempre lleva en el bolso y marca el número de la policía.

–Comisario Cuervo, dígame.

–Carlos, soy yo. Sé quién es el verdadero asesino… o mejor dicho, la asesina…

---

7 **mejor dicho** besser gesagt

Capítulo 11

–¿Por qué, señora? Hoy en día un divorcio es normal, ¿por qué mató a su empleada? –El comisario Cuervo habla lentamente.

Maribel, la propietaria de la peluquería, está sentada en la pequeña sala de interrogatorios de la comisaría. Está nerviosa y llora. Sus grandes ojos negros están tristes. Mira a Carlos y contesta:

–Ella ha arruinado mi vida. Esa noche, seguí a Sonia y en la Rosaleda hablé con ella. Le pregunté si tenía relaciones con mi marido y ella se rió y dijo que iba a tener un bebé de Luis y que ellos se amaban, entonces… –Maribel comienza otra vez a llorar.

–¿… entonces?

–… nerviosa tomé las tijeras del bolso y… –Maribel no puede hablar más.

El comisario fuma en silencio. Su profesión es muy difícil –piensa.

6 **llora** sie weint | 8 **ha arruinado** hat zerstört | 8 **seguí** ich verfolgte

Capítulo 12

Doña Carmen está sentada en la sala, en casa de su hijo. Los niños juegan con Fifí.

Sobre la mesa está el periódico con un gran titular sobre el crimen.

–En realidad, mamá, tú has resuelto el caso y no yo –dice Carlos, mientras toma un café.

–Bueno, bueno –contesta doña Carmen– las madres estamos para ayudar, ¿verdad? Pero, Pilar, ¿qué película ponen hoy en la televisión?

9 **película** Film

Actividades

Capítulo 1

1 Señalar la opción correcta:

a) El Retiro es…
- un museo famoso. ☐
- un parque muy grande. ☐
- un edificio alto. ☐
- un palacio de cristal. ☐

b) Sonia es…
- una amiga de doña Carmen. ☐
- la hija de doña Carmen. ☐
- la peluquera de doña Carmen. ☐

c) La Rosaleda es…
- un jardín botánico. ☐
- un jardín de rosas. ☐
- un restaurante conocido. ☐

2 Completar el resumen del capítulo 1 con los verbos siguientes en presente:

hacer, llamarse, hablar, escuchar, gustar, reconocer, ser (x 2), ver, entrar, ir, querer, empezar

La historia .... en Madrid, en el mes de agosto, a las tres de la tarde. En verano .... mucho calor en Madrid. A doña Carmen le .... su ciudad. Hoy doña Carmen .... ir al Parque del Retiro.

.... por la puerta principal y .... a la Rosaleda. Antes de llegar allí .... a dos personas. Doña Carmen .... a la chica, ... una de sus peluqueras. La chica .... Sonia. Mario .... su novio. Doña Carmen .... la conversación. Sonia .... con Mario porque quiere romper su relación con él.

Capítulo 2

3 Buscar la palabra intrusa:

a) casada, soltera, doña, divorciada, viuda
b) nerviosa, elegante, tranquila, triste, alegre
c) padre, madre, marido, profesor, mujer
d) lunes, martes, semana, miércoles, jueves

4 Relacionar principio y final de la frase según el contenido del capítulo:

a) Doña Carmen va todos los jueves a la peluquería…
b) Doña Carmen tiene hoy hora a las cuatro, …
c) Hay muchos clientes sentados…
d) Maribel, la propietaria, …
e) Sonia, la empleada de la peluquería, …

1) …en los dos sofás de color naranja.
2) …pero tiene que esperar.
3) …no ha venido ni ha llamado por teléfono.
4) …está hoy muy nerviosa.
5) …porque le gusta estar bien peinada.

Capítulo 3

5 Contestar a las siguientes preguntas:

a) ¿Dónde está sentada doña Carmen?

……………………………………………………………

b) ¿Está sola?

……………………………………………………………

c) ¿Qué hace doña Carmen mientras espera su café?

……………………………………………………………

d) ¿Quién es Carlos?

……………………………………………………………

Capítulo 4

6 ¿Qué afirmaciones son correctas?

	Sí.	No.
a) Carlos Cuervo es cocinero.		
b) Carlos Cuervo lee una novela policíaca en la cocina.		
c) La chica asesinada es peluquera.		
d) Doña Carmen ya sabe muchos datos.		
e) El comisario y su madre ya han resuelto varios crímenes.		
f) El principal sospechoso es el novio de la víctima.		
g) Los periódicos ya han escrito sobre el asesinato.		
h) Doña Carmen ha encontrado el arma.		
i) El comisario Cuervo todavía no tiene el resultado de la autopsia.		

Capítulo 5

7 ¿Qué resumen de la historia es correcto?

a) El sábado, Mario se encontró con su novia Sonia en el Parque del Retiro y fueron juntos de copas al bar «Las Tapas Locas».
b) El sábado, Mario se encontró con su novia Sonia quien le dijo que amaba a otro hombre y rompió el noviazgo. Mario fue solo al bar «Las Tapas Locas».
c) El sábado, Mario, su novia Sonia y el comisario Carlos Cuervo fueron juntos al Parque del Retiro y vieron a doña Carmen.

Capítulo 6

8 Unir las definiciones con las palabras:

a) esperar un bebé
b) lo contrario de *estar contento*
c) no dejar hablar a una persona
d) la persona que corta el pelo
e) poner fin a la vida de una persona

1) estar triste
2) interrumpir
3) estar embarazada
4) la peluquera
5) asesinar

Capítulo 7

9 Contestar a las preguntas:

a) ¿Por qué va doña Carmen otra vez a la peluquería?
b) ¿Qué oye ella en la habitación de las empleadas?
c) ¿Qué encuentra doña Carmen?
d) ¿Qué hace doña Carmen al llegar a su piso?

Capítulo 8

10 Combinar las tres columnas:

Los padres de Sonia	llegan	de Galicia.
Doña Carmen y Fifí	se acercan	a Luis.
El comisario y dos agentes	han venido	a la oficina.

Capítulo 9

11 Señalar la opción correcta:

a) La escena es en…
- la peluquería. ☐
- la casa de Luis Ibáñez. ☐
- la comisaría. ☐
- el Parque del Retiro. ☐

b) Luis Ibáñez dice que aquella tarde…
- estuvo con Sonia en el Retiro. ☐
- no vio a Sonia. ☐
- fue a tomar algo con un amigo. ☐

12 Formar adjetivos con los siguientes sustantivos:

a) el asombro
b) la agresión
c) la impaciencia
d) los nervios
e) la tristeza

13 Buscar los cinco adjetivos del ejercicio anterior, también de derecha a izquierda:

a	g	r	e	s	i	v	o	e	r	p
f	k	o	p	e	r	r	o	i	o	n
t	o	d	a	r	b	m	o	s	a	j
l	u	i	t	e	r	a	g	i	l	a
i	m	p	a	c	i	e	n	t	e	p
o	s	o	i	v	r	e	n	u	t	e
s	o	r	p	r	e	n	d	i	d	o
t	r	i	s	t	e	u	l	g	u	x
c	o	m	i	s	a	r	i	o	o	r
x	r	o	s	a	n	p	e	l	o	r

Capítulo 10

14 Ordenar las tres frases del capítulo:

a) El comisario Cuervo continúa la búsqueda del asesino.
b) Doña Carmen llama a su hijo para decirle quién es el asesino.
c) Doña Carmen tiene hora en la peluquería.

15 Buscar los contrarios:

a) hablar lentamente
b) estar de pie
c) reírse
d) estar nervioso
e) ser empleada

1) estar sentado
2) ser propietaria
3) estar tranquilo
4) hablar rápido
5) llorar

Capítulos 11 y 12

16 Ordenar las palabras por su significado:

mujer, asesino, arma, amor, celos, novio, matar, autopsia, comisario, informe, sala de interrogatorios, bebé, marido, noviazgo

Crimen	Amor
....	....
....	....
....	....
....	....

....

....

....

17 ¿Qué final esperaba Ud.?

a) El asesino es Mario, el exnovio celoso.
b) El asesino es su amante secreto, Luis.
c) La asesina es la mujer de Luis que está celosa.

¿Puede explicar por qué?

Soluciones

1 a) El Retiro es un parque muy grande.
b) Sonia es la peluquera de doña Carmen.
c) La Rosaleda es un jardín de rosas.

2 empieza; hace; gusta; quiere; entra; va; ve; reconoce; es; se llama; es; escucha; habla

3 a – doña; b – elegante; c – profesor; d – semana

4 a5; b2; c1; d4; e3

5 a) En la terraza de un bar muy conocido.
b) No, está con su perrita Fifí.
c) Lee el periódico.
d) Carlos es comisario y el hijo de doña Carmen.

6 no: a, b, g, h; sí: c, d, e, f, i

7 Resumen correcto: b

8 a3; b1; c2; d4; e5

9 a) Va a la peluquería para encontrar la solución del problema.
b) Oye una señal débil.
c) El teléfono móvil de Sonia.
d) Marca el número del móvil anotado.

10 El comisario y dos agentes se acercan a Luis.
Doña Carmen y Fifí llegan a la oficina.
Los padres de Sonia han venido de Galicia.

11 a) La escena es en la comisaría.
b) Luis Ibáñez dice que aquella tarde no vio a Sonia.

12 a) asombrado
b) agresivo
c) impaciente
d) nervioso
e) triste

13

a	g	r	e	s	i	v	o		
	o	d	a	r	b	m	o	s	a
i	m	p	a	c	i	e	n	t	e
o	s	o	i	v	r	e	n		
t	r	i	s	t	e				

14 El orden correcto: a; c; b

15 a4; b1; c5; d3; e2

16 Crimen: asesino, arma, matar, autopsia, comisario, informe, sala de interrogatorios
Amor: mujer, amor, celos, novio, bebé, marido, noviazgo